RUF ICH BEIM BESTATTER AN. IST DIE LEITUNG TOT

Miese Witze Vol. 2

RUF ICH BEIM BESTATTER AN. IST DIE LEITUNG TOT

Miese Witze Vol. 2

Gesammelt, getestet und für gut befunden
von Peter Waldbauer

eichborn

MIX
Papier aus verantwortungsvollen Quellen
FSC® C006701
www.fsc.org

Dieser Titel ist auch als E-Book erschienen

Eichborn Verlag in der Bastei Lübbe AG

Originalausgabe

Textredaktion: Stefan Lutterbüse
Umschlaggestaltung: Sandra Taufer, München
Einband-/Umschlagmotiv: © shutterstock/Arena Creative, © shutterstock/mhatzapa, © shutterstock/Blablo101, © shutterstock/Hintau Aliaksei
Satz: F. v. Wissel, hoop-de-la, Köln
Gesetzt aus der Chinese Rocks, Franklin Gothic
Druck und Einband: CPI books GmbH, Leck – Germany

Printed in Germany
ISBN 978-38479-0578-3

5 4 3 2 1

Sie finden uns im Internet unter www.eichborn.de
Bitte beachten Sie auch www.luebbe.de

KLEINE VORSPEISE

Die Kannibalenkinder quengeln beim Essen. Als sie beim Fuß angelangt sind, meckert das kleinste:
»Igitt, nicht schon wieder Käse!«
Darauf der Kannibalenvater:
»Klappe halten und aufessen! Die enthalten viel gutes Vitamin Zeh!«

»Sag mal, hattest du nicht letzte Woche Ehekrach mit deiner Frau?«
»Die Sache ist gegessen.«

Der Kannibale hat seit Stunden Schluckauf und überlegt laut:
»Ich hätte diesen Trampolinspringer nicht essen sollen.«

MIES, ABER FIES

Warum spannen Äthiopier am Strand immer eine Wäscheleine auf?
Damit ihre Kinder im Schatten spielen können.

Was ist der Strichcode auf den Tetra-Paks?
Ein Familienfoto aus Äthiopien!

Ab wie viel dürfen die Äthiopier ins Kino?
Ab fünf Kilo, sonst klappt der Sessel hoch.

Warum lohnt es nicht, Medikamente nach Äthiopien zu schicken?
Weil auf der Verpackung steht: »Nach dem Essen einnehmen!«

Wie kriegt man hundert Äthiopier in einen VW-Käfer?
Man legt einen Brotkrümel auf die Handbremse!
Wie bekommt man sie wieder raus?
Gar nicht. Sind vollgefressen.

Was für ein Schild hängt in jedem äthiopischen Fahrstuhl?
Maximale Belastung 200 kg oder 500 Personen.

MUTTI, ZUM ERSTEN

»Mutti, darf ich mit Opa spielen?«
»Nein, der Sarg bleibt heute zu.«

»Mami, Mami, ich mag die Oma nicht.«
»Dann schieb sie an den Tellerrand.«

»Mutti, Mutti, Papa hat sich auf dem Dachboden aufgehängt.«
»O mein Gott!«.
»April, April, er hängt im Keller!«

»Mutti, darf ich schwimmen gehen?«
»Nein, es ist jetzt Flut.«
»Aber Papa badet.«
»Papa ist ja auch versichert.«

»Mutti, Mutti, ich hab Papa gefunden.«
»Wie oft soll ich dir noch sagen, dass Du nicht im Garten buddeln sollst!«

UNTER PAAREN

Er: *»Wenn ich sterbe, möchte ich verbrannt werden!«*
Sie: *»Wieder mal typisch. Weggehen und die Asche liegen lassen.«*

Der Mann will aus dem Fenster springen. Kommt seine Frau aus der Küche:
»Ach, das trifft sich gut! Da kannst du gleich den Müll mitnehmen.«

Sie und er gehen tief im Wald spazieren.
Sagt sie: *»Du Schatz, ich hab Angst!«*
Sagt er: *»Und ich erst. Ich muss ja wieder alleine zurück.«*

Ehekrach. Sagt sie heulend:
»Bei deiner Beerdigung werde ich vor Freude am Grab tanzen.«
Darauf er:
»Ich habe eine Seebestattung vereinbart.«

AUF DEM TOTENBETT

Mann erwacht aus dem Koma. Seine Frau zieht die schwarzen Kleider aus und sagt:
»Auf dich ist aber auch nie Verlass.«

Der todkranke Millionär röchelt seiner Frau zu:
»Was soll nur aus dir werden, wenn ich nicht mehr bin?«
Sie tätschelt seine Hand:
»Jetzt stirbst du erst mal, und dann sehen wir weiter!«

Sterbende Frau zum Ehegatten:
»Hast du mich je betrogen? Ich muss es wissen, bevor ich sterbe.«
»Ach, und wenn ich nun gestehe und du doch nicht stirbst?«

Sterbender Mann zur Frau: *»Liebste, auch wenn ich tot bin, das Geschäft muss weitergehen. Meier ist ein tüchtiger Prokurist. Heirate ihn.«*
Frau: *»Keine Angst, wir sind schon so gut wie verlobt.«*

MUTTI, ZUM ZWEITEN

Was macht Angela Merkel mit ihren alten Klamotten?
Anziehen!

Auch Angela Merkel ist jetzt in einen Spendenskandal verwickelt!
Helmut Kohl hat ihr seinerzeit 50 DM für den Friseur gegeben und kein Mensch weiß, wo das Geld geblieben ist ...

Angela Merkel und Horst Seehofer sind auf einem Schiff, das sinkt. Frage: Wer wird gerettet?
Antwort: Deutschland.

WAHRE LIEBE

Unterhalten sich zwei Freunde.
»Meine Frau ist ein Engel.«
»Hast du`s gut. Meine lebt noch.«

Jammert die Witwe: *»Mein Gott, so viele Formulare zum Ausfüllen. Mir wäre lieber, er wäre nicht gestorben.«*

Mann zum Kumpel: *»Ich glaube, meine Frau ist tot. Im Bett ist sie wie immer, aber in der Küche herrscht Chaos.«*

Frau: *»Jetzt, wo mein Mann tot ist, will ich auch nicht mehr leben. Ich werde ihm folgen!«*
Freundin: *»Aber Inge, gönne ihm doch die Ruhe.«*

»Sie sehen betrübt aus, was ist los?«
»Ich wollte meine Sorgen ertränken, aber meine Frau wollte nicht ins Wasser.«

Ein Mann soll im Leichenschauhaus seine Frau identifizieren. Er tastet sich unter dem Laken entlang:
»Ja, das ist sie, sie hatte immer so kalte Füße.«

Manager stirbt am Freitag.
Der Bestatter will ihn mitnehmen.
Witwe: *»Lassen Sie ihn hier. Endlich ist er mal am Wochenende zu Hause.«*

Treffen sich zwei Freundinnen.
»Was hat denn dein Mann gesagt, als du seinen neuen Wagen geschrottet hast?«
»Ich konnte ihn nicht verstehen, seine letzten Worte waren so leise.«

»Eine schöne Vase, Frau Meier!«
»Danke. Da ist die Asche von meinem Mann drin.«
»O..., tut mir leid.«
»Ach was, der ist nur zu faul, sich den Aschenbecher zu holen.«

Polizist zur Frau:
»Ihr Mann hat sich also erhängt?«
»Ja!«
»Und woher kommen dann die Beulen an seinem Kopf?«
»Er hat ein Gummiband genommen!«

»Mein Mann und ich haben uns dreißig Jahre lang gestritten, bevor wir aufgehört haben.«
»Nach dreißig Jahren haben Sie das Kriegsbeil begraben?«
»Nein, meinen Mann.«

»Frau Meier, woran ist denn Ihr Mann gestorben?«
»An Grippe!«
»Na, wenigstens nichts Ernsthaftes.«

Ein Witwer sitzt um Mitternacht vorm Kamin. Erscheint ein Gespenst:
»Ich soll hier im Auftrag deiner Frau spuken.«
»Von mir aus, solange sie nicht selbst kommt.«

TIERISCHES

Was macht man mit einem Hund ohne Beine?
Um die Häuser ziehen!

Was ist pink und behindert?
Ein Flamongo.

Was hat vier Beine und einen Arm?
Ein glücklicher Pitbull-Terrier!

SCHWIEGERMÜTTER

Mischt der Ehemann Gift zur Butter,
ist sie für die Schwiegermutter.

Warum kommen Schwiegermütter nicht in den Himmel?
Weil Drachen nur 300 Meter hoch steigen können.

Wie ist das Idealgewicht einer Schwiegermutter?
4,5 Kilo, Urne inklusive.

Morgens in der Firma:
»Wie? Du heute hier? Ich dachte, du musst zur Beerdigung deiner Schwiegermutter.« »Immer langsam. Erst die Arbeit, dann das Vergnügen.«

Schwiegermutter liegt im Krankenhaus. Sagt der Schwiegersohn zum Arzt:
»Herr Doktor, mal ehrlich. Muss ich das Beste hoffen oder darf ich das Schlimmste befürchten?«

Was ist der Unterschied zwischen einer Zigarette und einer Schwiegermutter?
Bei der Zigarette ist der erste Zug der beste, bei der Schwiegermutter der letzte!

Wahrsagerin zum Ehemann:
»Morgen stirbt Ihre Schwiegermutter.«
»Weiß ich, mich interessiert, ob ich freigesprochen werde.«

Wie testet man die Haltbarkeit einer Brücke?
Man fährt mit einem Bus voller Schwiegermütter darüber. Hält die Brücke, ist es ein gutes Bauwerk. Hält sie nicht, war es ein gutes Bauwerk.

Die Schwiegermutter ist gestorben. Der Bestatter fragt den Schwiegersohn:
»Einäscherung oder Beerdigung?«
»Beides, ich will auf Nummer sicher gehen.«

Mann verlangt in der Apotheke ein Pfund Rattengift.
Apotheker: *»Nur gegen Rezept.«*
Mann zeigt Bild seiner Schwiegermutter.
»Okay, das lasse ich gelten.«

Mann trifft im Wald eine Fee. Fee:
»Du hast einen Wunsch frei. Aber von allem, was du dir wünschst, bekommt deine Schwiegermutter das Doppelte.«
»Okay, dann schlag mich bitte halb tot.«

NICHT ZUGEHÖRT

Ein Anruf bei der Bahnpolizei.
»Ein Gleis liegt auf dem Bahndamm.«
»Na, das möchte auch sein«, entgegnet der Beamte.
Nach kurzer Zeit wieder ein Anruf.
»Jetzt wulde del alte Mann übelfahlen.«

Fragt der Stationsarzt die Lernschwester:
»Haben Sie dem Patienten auf Zimmer 13 Blut abgenommen?«
»Ja, habe ich, aber mehr als sechs Liter hab ich nicht herausbekommen.«

AU WEIA!

Was sind zwei schwule Obdachlose?
Arme Schlucker

Warum essen Blinde am liebsten Mohnbrötchen?
Weil da so schöne Geschichten draufstehen.

Was macht ein Bäcker ohne Arme und ohne Beine?
Rumkugeln

Was ist unhöflich und behindert?
Ein Prollstuhlfahrer

Was sucht ein einarmiger Mann in der Einkaufsstraße?
Einen Second-Hand-Shop!

Was ist zehn Meter lang und hat nur einen Zahn?
Eine Polonaise im Altersheim.

FAMILIENGESCHICHTEN

Sohn zur Mutter:
*»Ich werde das Studium abbrechen.
Ich will Musiker werden.«
»O Gott, dein Vater würde sich im Grab umdrehen.«
»Mein Bruder will Maler werden.
Dann liegt Vater wieder auf dem Rücken.«*

Treffen sich zwei Freunde.
*»Gestern bekam ich einen Brief aus Amerika.
Mein Bruder ist gestorben.«
»Na, endlich ein Lebenszeichen von ihm.«*

»Könntest du mir deinen schwarzen Anzug leihen? Mein Vater ist gestorben.«

Zwei Wochen später:

»Kann ich meinen Anzug zurückhaben?«

»Geht nicht, den hat Vater immer noch an.«

Zwei Italoamerikaner unterhalten sich.

»Mein Bruder hat sogar mal Al Capone eine runtergehauen.«

»Großartig, deinem Bruder möchte ich gerne mal die Hand schütteln.«

»Sollen wir ihn deswegen extra ausgraben?«

Mann zur Frau:
»Wenn du stirbst, steht auf deinem Grabstein: Hier liegt meine Frau – kalt wie immer.«
»Und wenn du stirbst, schreibe ich: »Hier liegt mein Mann – endlich steif!«

Mann verlangt in der Apotheke schwarze Pariser. Apotheker:
»Ich habe sonst alle Farben da, warum muss es denn unbedingt schwarz sein?«
»Mein Freund ist gestorben. Ich möchte seiner Witwe mein Beileid aussprechen.«

Ein Mann hat erfahren, dass er nur noch zwölf Stunden zu leben hat.
Er geht nach Hause und sagt zu seiner Frau: »Komm, lass' uns noch mal so richtig Sex machen.«
»Du spinnst wohl. Ich muss morgen früh raus und du kannst liegen bleiben.«

Ein Bestatter hat mit einem Callgirl die Nacht verbracht. Beim Abschied fragt er gewohnheitsmäßig:
»Wollen Sie ihn noch ein letztes Mal sehen?«

BEIM ARZT

»Wird die Operation sehr teuer, Herr Doktor?«
»Dieses Problem können Sie ruhig Ihren Erben überlassen.«

»Ist das eine seltene Krankheit, die ich habe, Herr Doktor?«
»Nein, die Friedhöfe sind voll davon!«

Arzt zum Patienten vor der OP:
»Keine Angst, in zwei Wochen sind Sie wieder draußen. So oder so.«

»Herr Doktor, wohin bringen Sie mich denn?«
»Ins Leichenschauhaus!«
»Aber ich bin doch noch gar nicht tot!«
»Wir sind ja auch noch nicht dort.«

Patient zum Arzt:
»Ich kann mich nicht zwischen Operation und Sterben entscheiden.«
Arzt: *»Mit etwas Glück können Sie beides haben.«*

DUMM GELAUFEN

Ich habe gestern bei Weight Watchers angerufen.
Hat keiner abgenommen.

In St. Pauli wurde gestern ein Sarg gefunden.
Den hat man aber nicht öffnen können, war ein Zuhälter drin.

Über einem ostfriesischen Friedhof ist ein Segelflugzeug abgestürzt. Am nächsten Tag steht in der Zeitung:
»Bislang über 350 Leichen geborgen.«

ZUM FRESSEN

Zwei Kannibalen essen eine Domina, sagt der eine: *»Schmeckt ziemlich streng«.*

Wie nennen Kannibalen einen Skater? *Rollbraten!*

Unterhalten sich zwei Kannibalen beim Grillen. Sagt der eine: *»Dreh nicht so schnell, der wird sonst gar nicht richtig knusprig.«* **Darauf der andere:** *»Geht nicht! Das ist ein Pole, wenn ich langsamer drehe, dann klaut er die Kohlen!«*

NOCH MEHR ÄRZTE

»Herr Doktor, sind Sie sicher, dass meine Frau durchkommt?«

»Ja, ganz sicher.«

»Verdammt! Kennen Sie zufällig jemanden, der einen Sarg kaufen möchte?«

»Und, Herr Doktor, können Sie mir helfen?«

»Ja, ich verschreibe Ihnen ein paar Moorbäder.«

»Und die helfen?«

»Nein, aber Sie gewöhnen sich schon mal an die feuchte Erde.«

Arzt zum Patienten:
»Sie sind sterbenskrank, Ihnen bleibt nicht mehr viel Zeit.«
»Wie viel Teit habe ich denn noch?«
»Zehn.«
»Zehn was? Jahre, Monate oder Wochen?«
»Neun...«

Arzt: *»Sie haben nur noch fünf Monate zu leben!«*
Musiker: *»Wovon denn?«*

Arzt: *»Herr Kollege, ich habe gehört, dass Ihr Patient mit dem Leberleiden an einem Herzinfarkt gestorben ist.«*
»Unsinn, wenn ich jemanden wegen eines Leberleidens behandele, dann stirbt er auch daran.«

Visite im Krankenhaus. Oberarzt spricht mit seinen Kollegen lateinisch.
Patient: *»Können Sie nicht deutsch sprechen, damit ich auch was verstehe?«*
Oberarzt: *»Sie sollten sich langsam an eine tote Sprache gewöhnen.«*

FLACH + FLACHER

Mit was werden Fussbälle bemalt? *Mit Ballack*

Was ist ein Techniker im Atomreaktor? *Kerngesund!*

Wie vermehren sich Autos?
Durch Fordpflanzung

BESTATTER

»Wie sind Sie denn zu diesem Gewerbe gekommen?«, wird der Bestatter gefragt.
»Ich habe das Geschäft von meinem Vater geerbt.«
»Sie hätten doch auch ablehnen können.«
»Dann hätte ich meinen ersten Kunden verloren.«

Bestatter zum Kollegen:
»Wie läuft's denn so bei dir?
»Ganz gut. Diese Woche drei Erdbestattungen, zwei Feuerbestattungen und eine Kompostierung.«
»Kompostierung?«
»Ja, die Grünen kommen in die Jahre.«

Was bedeutet ein Begräbnis dritter Klasse in Venedig?
»Der Sarg und der Pfarrer sind in der Gondel – die Angehörigen schwimmen hinterher.«

Mann ist beim Bestatter wegen Vorsorgevertrag:
»Ich will, dass meine Asche später über der Disco verstreut wird.«
»Über der Disco?? Wieso das denn?«
»Ich will sicher sein, dass meine Tochter mich jede Woche besucht.«

PFAFFEN

Trauerrede des Pfarrers.
»Wir nehmen Abschied von … einem ehrlichen Geschäftsmann … guten Vater … treuen Ehemann …«
Trauergast zum Nachbarn:
»Lass uns gehen, wir sind auf der falschen Beerdigung.«

Verurteilter hängt tot am Galgen.
Die Zuschauer lästern und schimpfen über ihn.
Pfarrer: *»Auch ein Bösewicht ist ein Kind Gottes, auch über ihn lässt sich etwas Gutes sagen.«*
Zuschauer: *»Schön hängt er ja.«*

AUF DEM FRIEDHOF

Treffen sich zwei Ärzte auf dem Friedhof.
»Na, Herr Kollege! Machen Sie auch Inventur?«

Altes Mütterchen zum Friedhofswärter:
»Wo bitte ist Reihe 10 Grab Nr. 7?«
Er: *»Soso, heimlich aus dem Grab kraxeln und dann den Heimweg nicht mehr finden.«*

Schluchzt eine Hundertjährige am Grab ihres achtzigjährigen Sohnes:
»Ich habe immer befürchtet, dass ich dich nicht durchbringe, mein Junge.«

Trauerzug vor dem Friedhof. Zuschauer: »Wissen Sie, wer der Verstorbene ist?«
»Ja, der ganz vorne, der von den sechs Männern getragen wird.«

Oma will mit dem Rad wegfahren.
Enkel: *»Wo fährst du hin?«*
»Zum Friedhof, mein Kind.«
»Und wer bringt das Rad zurück?«

Ein Golf GTI-Fahrer soll beerdigt werden. Die Totengräber heben das Grab aus. Kommt der Friedhofswart vorbei und schaut hinein:
»Legt ihn tiefer.«

Zwei alte Damen auf dem Friedhof.
Eine liest: *»Hier ruht ein guter Ehemann, Vater, Freund und Arbeitskollege.«*
Die andere: *»Schau mal an! Vier Männer in einem Einzelgrab.«*

GEIZ IST GEIL

Sagt eine Schottin zur anderen:
»Mein Mann ist ein Glückspilz. Gestern erst hat er eine Lebensversicherung abgeschlossen und heute stürzt er mit dem Flugzeug ab.«

Ein Schotte ist gestorben.
Arzt: *»Schade, dass es mit ihm so schnell zu Ende ging.«*
Witwe: *»Ja, das Medikament hätte doch noch zehn Tage gereicht.«*

Der Ehemann ist gestorben. Die schottische Witwe formuliert die Traueranzeige.
»Schreiben Sie: ›Edward tot‹«.
»Aber Gnädige, etwas mehr können Sie schon schreiben. Der Preis bleibt dadurch gleich.«
»Gut, dann schreiben Sie: ›Edward tot – verkaufe Ford‹«.

Ein Schotte wird um eine Spende für die Reparatur des Friedhofszauns gebeten. Antwort: *»Wozu ein Zaun um den Friedhof? Die Toten können nicht heraus und die Lebenden wollen nicht hinein.«*

Ein Schotte will keine Gemeindesteuern zahlen. Ein Abgesandter besucht ihn:
»Wenn Sie aus der Gemeinde austreten, wird Sie nach Ihrem Tod niemand bestatten.«
»Ich verlasse mich auf den Gestank.«

Warum lässt sich ein Schotte nach dem Tod nur bis zum Bauch eingraben?
Damit er sein Grab selbst pflegen kann.

Was macht ein Schotte mit einer Kerze vor dem Spiegel?
Er feiert den 2. Advent.

Ein Schotte hat seine Frau seit zwei Jahren als vermisst gemeldet.
Er erhält ein Telegramm:
»Frau gefunden – ertrunken – Körper mit Muscheln und Perlen übersät.«
Schotte schreibt zurück:
»Muscheln und Perlen einsammeln – Köder wieder auswerfen.«

IN DER SCHULE

Lehrer zum Schüler:
»Wie geht's Deinem Vater!«
»Der ist Montag gestorben! Hat sich mit dem Hammer auf den Finger gehauen!«
»Davon stirbt man doch nicht!«
»Er hat so laut geschrien, da mussten wir ihn erschießen.«

Lehrer zum Schüler: *»Du warst gestern nicht in der Schule, warum?«*
»Opa ist gestorben.«
»Ich habe ihn doch heute früh noch am Fenster sitzen sehen.«
»Ja, da muss er noch eine Woche sitzen wegen der Rente!«

IN DER FIRMA

Chef: *»Was kann ich tun, damit das Fest nicht viel kostet, alle Mitarbeiter sich freuen und die Zeitung darüber berichtet?«*
Mitarbeiter: *»Hängen Sie sich auf!«*

»Hast du schon gehört? Meier ist gestorben.«
»Ja, und wer ist mit ihm gestorben?«
»Wieso mit ihm?«
»Na, es hieß doch: ›Mit ihm starb einer unserer fähigsten Mitarbeiter‹.«

NOCH MEHR EUROPÄER …

Was ist der Unterschied zwischen einer Kartoffel und einem belgischen Kind?
Ganz einfach, die Kartoffel ist zuerst in der Erde und dann im Keller …

Wer hat den Triathlon erfunden?
Die Polen! Zu Fuß zum Schwimmbad, mit Fahrrad zurück.

Deutscher Steuerflüchtling kommt zur UBS und fragt: *»Sind Sie an drei Millionen Euro interessiert?«*
»Ja, bei uns in der Schweiz ist Armut keine Schande.«

JÄGERLATEIN

Jäger zum Kollegen:
»Ich habe Ihre Frau getroffen!«
»Weidmannsdank!«

Tumult während der Jagd.
»Sie Trottel! Sind Sie blind? Sie haben meine Frau erschossen!«
»Tut mir leid, da drüben steht meine. Bitte, revanchieren Sie sich.«

»Sind Sie wahnsinnig geworden, auf Jogger zu schießen?«
»Wieso Jogger, auf dem T-Shirt stand doch Reebok!«

Was sind die letzten Worte des Sportschützen?
Nur noch kurz den Lauf reinigen!

FREUNDE UND HELFER

Ein Polizist soll einer Frau die Nachricht vom Tod ihres Mannes überbringen. Er läutet, die Frau macht auf. Polizist:
»Sind Sie die Witwe Meier?«
»Meier, ja, aber Witwe bin ich nicht.«
»Wetten, dass ...?«

Im Süden der USA liegt ein toter Farbiger auf der Straße. Der Sheriff untersucht die Leiche, findet 23 Einschussstellen und sagt:
»Mein Gott, so einen abartigen Selbstmord habe ich lange nicht gesehen!«

Autofahrer kommt in der Provinz auf die Polizeiwache.

»Gibt es hier in der Gegend schwarze Kühe?«

»Nein.«

»Schwarze Pferde?«

»Auch nicht.«

»Große schwarze Hunde?«

»Nein, Mann!«

»Verdammt, dann hab ich gerade den Pfarrer überfahren!«

VOR GERICHT

Richter zur Angeklagten:
»Warum haben Sie Ihren Mann denn mit Pfeil und Bogen erschossen?«
»Ich wollte die Kinder nicht wecken.«

Richter zum Angeklagten:
»Wieso haben Sie die Waffe ein Dutzend Mal auf Ihre Schwiegermutter abgefeuert?«
»Mehr Patronen hatte ich nicht.«

Richter zum Zeugen:
»Sie haben den Angeklagten beobachtet, wie er Ihre Schwiegermutter überfallen und ermordet hat?«
»Ja.«
»Warum haben Sie denn nicht eingegriffen?«
»Zuerst wollte ich, aber er kam gut alleine zurecht.«

Richter zum Angeklagten:
»Sie haben Ihre Frau umgebracht. Wollen Sie sich zu diesem Vorwurf äußern?«
»Ich werde es nie wieder tun.«

VERUNGLÜCKT

Zu Frau Meier kommt der Elektriker. Er klingelt an der Haustür und fällt tot um. Frau Meier öffnet:
»Oh, Sie haben den Fehler schon gefunden?«

»Hast du von dem Zugunglück gehört?«
»Nein. Wie viele Tote gab es denn?«
»100 und ein paar Zerquetschte.«

Busunfall. Alle Insassen tot. Polizist fragt den einzigen Überlebenden, den Busfahrer: *»Wie ist der Unfall passiert?« »Keine Ahnung. Ich war hinten im Bus, die Fahrscheine kontrollieren.«*

Drei Dachdecker auf dem Kirchendach. Einer stürzt ab. Ruft der Kollege ihm hinterher: *»Du kannst ruhig unten bleiben. Es ist gleich Mittagspause.«* **Sagt der Dritte:** *»Sieht er doch selbst. Er fliegt an der Turmuhr vorbei!«*

SECHS WITZE

»Hast du schon gehört?
Die Beerdigung vom alten Schulz ist von Mittwoch auf Freitag verschoben worden.«
«Warum? Geht's ihm wieder besser?«

»Meine Frau und ich waren gestern auf der Beerdigung vom alten Bürgermeister. Sehr beliebt war er wohl nicht. Wir waren die Einzigen, die nach der Trauerrede geklatscht und zur Musik getanzt haben.«

Treffen sich zwei alte Schulfreunde.
»Ich habe jetzt tausend Leute unter mir.«
»Ach, hoher Beamter oder Firmenchef?«
»Nee, Friedhofsgärtner.«

Mitarbeiter des Krematoriums ruft beim Chef an: *»Wir haben hier unten Probleme mit dem Liliputaner. Der fällt immer wieder durch den Rost.«*
»Bringt ihn zu mir rauf, ich rauche ihn in der Pfeife.«

Hotelwirt zum Gast:
»Haben Sie gut geschlafen?«
»Nein, auf meinem Bett lag eine tote Wanze.«
»Na, wenn sie tot war, konnte sie Ihnen ja nichts tun.«
»Sie nicht, aber ihre Angehörigen lebten noch.«

Herztod und Hirntod sitzen auf einer Mauer. Läuft eine alte Frau vorbei. Herztod: *»Die gehört mir«*, **schnippt und zack – fällt die Oma tot um. Fünf Minuten später läuft eine Blondine vorbei. Hirntod:** *»Die gehört mir«*, **und schnippt und schnippt und schnippt ...**

KURZ UND KNOCHIG

Was ruft ein Skelett, wenn ein Leichenwagen vorbeifährt?

»TAXI!«

Was bestellt ein Skelett in der Kneipe?
Eine Cola mit Lappen und Eimer zum Aufwischen.

Ein Räuber setzt dem Skelett die Pistole auf die Brust und sagt: *»Geld oder Leben!«* **Da lacht das Skelett:** *»Nehmen Sie doch, was Sie finden!«*

Was denkt ein Skelett über einen Eimer voll Wasser?
»Das war mal ein Schneemann.«

Was ist ein Skelett, das im Regen steht?
Durchnässt bis auf die Knochen.

Wieso wurde das Skelett entlassen?
Weil es nie mit dem Herzen bei der Sache war!

Warum können Skelette keine dicken Bücher lesen?
Weil sie kein Sitzfleisch haben.

Warum sind Skelette schlechte Lügner?
Weil sie leicht zu durchschauen sind!

Warum finden Skelette Gruselfilme harmlos?
Weil sie keine Gänsehaut kriegen.

Warum kann man Skelette nicht um Geld anpumpen?
Weil sie nichts in der Tasche haben.

Warum tragen Kannibalen Skelette unterm Arm?
Sie bringen das Leergut zurück.

Was ist ein Skelett im Schrank?
Jemand, der beim Versteckspiel gewonnen hat.

GUT GEGEBEN

»Liebling, gibst du mir mal das Baby?«
»Wir müssen warten, bis es weint!«
»Wieso das denn?«
»Ich nicht weiß mehr, wo ich es hingelegt habe.«

»Opa, warum hast du keine Lebensversicherung?«
»Damit ihr alle sehr traurig seid, wenn ich mal sterbe.«

»Hey, Jesus. Was machst du denn an Ostern?«
»Ich weiß nicht, vielleicht etwas herumhängen.«

KURZ UND KNOCHIG [II]

Wohin geht ein Skelett, wenn es sich amüsieren will?
In die Totenmesse.

Sitzen zwei Skelette auf der Friedhofsmauer. Kommt ein Windstoß. Ein Skelett fällt herunter, beide tot.

Ein Skelett geht zum Arzt. Sagt der Arzt:
»Sie kommen aber ziemlich spät.«

Warum werden Skelette schnell an ihrem Arbeitsplatz entlassen?
Weil sie nie mit dem Herzen bei der Sache sind.

Kommt ein Skelett zum Zahnarzt. Der schaut sich die Zähne an:
»Ihre Zähne sind in Ordnung, aber Ihr Zahnfleisch ist in Gefahr.«

Ein Skelett zum Arzt: *»Was fehlt mir, Herr Doktor?«*
»Genau kann ich das erst nach dem Röntgen sagen.«

AU AEIA [II]

Was macht ein Leprakranker auf dem Fußballplatz?
Er fault.

Was hat ein Mann ohne Beine?
Eier aus Bodenhaltung.

Was macht ein Leprakranker, wenn er eine schöne Frau sieht?
Er wirft ein Auge auf sie ...

Welche ist die härteste Droge von allen?
Das Bahngleis – ein Zug und du bist tot!

Bei der Marine nehmen sie jetzt nur noch Nichtschwimmer! *Die verteidigen nämlich die Schiffe länger!*

Warum sitzen im Theater die Glatzköpfe immer in der ersten Reihe?
Damit die Einarmigen in der zweiten Reihe auch klatschen können.

Arzt: *»Sie haben Krebs und Sie haben Alzheimer.«*
Patient: *»Na, Gott sei Dank keinen Krebs.«*

Was macht ein Millionär mit Parkinson?
Mit Geld um sich werfen.

Was ist ein Leprakranker mit weißen Haaren?
Eine Pusteblume.

UND DANN WAR DA NOCH…

… der Angehörige, der beim Bestatter anrief und sich wunderte, dass die Leitung tot war.

… der Hypochonder, der aus Angst vor dem Tod Selbstmord beging.

… die Zeitungsanzeige:
»Gebrauchter Grabstein zu verkaufen. Geeignet für jemanden namens Sorg.«

... die Männer der Marine-Kompanie, die beim Anschieben ihres U-Bootes ertranken.

... die Witwe, die endlich beruhigt war, weil sie nun wusste, wo ihr Mann nachts schläft.

... der Papst, der Selbstmord beging, um sich beruflich zu verbessern.

... das Krematorium, das Leichen mit Wasserköpfen ablehnte, damit der Ofen nicht ausging.

... die Frau, die die Urne mit der Asche ihres Mannes in die Toilette entleerte mit der Begründung:

»Er hat eine Seebestattung gewollt. Wie er da hin kommt, ist seine Sache.«

WAS ...?

Was ist schwarz und hängt an der Decke?
Ein schlechter Elektriker!

Was ist schwarz und hängt am Baum?
Ein Spanner nach dem Waldbrand.

Was ist schwarz und sitzt in der Ecke?
Ein Gehbehinderter nach einem Wohnungsbrand.

Was macht ein Leprakranker auf dem Friedhof?
Ersatzteile suchen.

Was trägt ein Gespenst zur Beerdigung?
Das kleine Schwarze.

Was würde die verstorbene Großmutter machen, wenn sie noch leben würde?
Am Sargdeckel kratzen.

Was sagt der Scheintote, nachdem er in letzter Sekunde gerettet wurde?
»Gott sei Dank war es eine Erdbestattung«.

Was ist der Unterschied zwischen einer Hochzeit und einer Beerdigung?
Auf der Beerdigung gibt es ein Gedeck weniger.

Was ist der Unterschied zwischen einem Witwer und einem Strohwitwer?
Der Witwer weiß, wo seine Frau liegt.

ERSTE LETZTE WORTE

Die letzten Worte des Beifahrers?
»Rechts ist frei.«

Die letzten Worte des Bombenentschärfers?
»Was ist das denn für ein Draht?«

Die letzten Worte des Bergsteigers:
»Waren gar nicht mal teuer, diese Karabinerhaken.«

WARUM ...?

Warum hätte Dianas Fahrer mehr trinken sollen?
Damit er den Tunnelblick hat.

Warum leben Eskimos so lange?
Weil sie nicht ins Gras beißen können.

Warum werden Bestatter mit der Zeit dick?
Weil sie immer zum Leichenschmaus eingeladen werden.

WAS SAGT DER TRAUERREDNER …

über den Spanner?
»Der ist weg vom Fenster.«

über die Reinigungsfrau?
»Sie kehrt nie wieder.«

über den Computerfreak?
»Aus, die Maus.«

über den Philosophen?
»Er dachte, also war er.«

über den Mathematiker?
»Er geht gegen unendlich.«

über den Regisseur?
»Alles im Kasten.«

über den Schornsteinfeger?
»Jetzt kann er liegen, bis er schwarz wird.«

über den Beamten?
»Nie mehr im Sitzen schlafen.«

über die Jungfrau?
»Ungebraucht zurück.«

MENSCHEN MIT HANDICAP

Was steht bei einem Muslim hinten auf dem Rollstuhl?
Islam

Was ist das: Zwei Reifen, vier Spoiler, ein verkümmertes Gehirn, und links und rechts hängt ein Arm raus?
Manta-Fahrer im Rollstuhl

Das sagt der Einbeinige zum Blinden:
»Ich tret' dir gleich in den Hintern!«
Darauf der Blinde: *»Das möcht' ich sehen!«*

ZUM NACHDENKEN

Arbeitnehmer werden begraben,
Beamte werden umgebettet.

Das Leben ist eine Krankheit, die durch Geschlechtsverkehr übertragen wird und immer tödlich endet.

Erst gehen wir mit der Zeit,
dann gehen wir mit der Zeit.

Wenn man mit fünfundsiebzig morgens aufwacht und es tut einem nichts weh, ist man tot.

MAKABRE REIME

Alle Trauergäste gehen zum Bestatter, nur nicht Jule, *die liegt in der Kuhle.*

Alle Trauergäste laufen zum Grab, nur nicht Hagen, *der wird getragen.*

Alle Trauergäste gehen zum Friedhof, nur nicht Marc, *der liegt im Sarg.*

**Alle Trauergäste stehen auf der Erde,
nur nicht Gunther,** *der liegt drunter.*

**Alle Trauergäste folgen dem Sargwagen,
nur nicht Maren,** *die wird gefahren!*

**Alle Trauergäste schauen auf den Sarg,
nur nicht Karin,** *die liegt darin.*

Alle Trauergäste besuchen den Friedhof, nur nicht Lars, *der liegt unterm Gras.*

Alle Trauergäste kommen zur Messe, nur nicht Gerald, *der bleibt kalt.*

Alle Trauergäste treffen sich beim Trauerschmaus, nur nicht Klaus, *der liegt im Leichenschauhaus.*

Alle Trauergäste weinen am Grab, nur nicht Kai, *dem ist es einerlei.*

Alle Trauergäste begrüßen den Pfarrer, nur nicht Bernd, *der für immer pennt.*

Alle Trauergäste stöhnen über den weiten Weg zum Grab, nur nicht Max, *für den ist es ein Klacks.*

GESTATTEN, BESTATTER!

Was trinken Bestatter zum Frühstück?
Kaffee schwarz oder schwarzen Tee.

Was essen Bestatter zum Frühstück?
Schwarzbrot.

Welches Gemüse essen Bestatter am liebsten?
Schwarzwurzeln.

Welche Tätigkeit verrichtet ein Bestatter?
Schwarzarbeit.

Mit was wird der Bestatter bezahlt?
Mit Schwarzgeld.

Welche Vergehen begeht ein Bestatter am häufigsten?
Schwarzsehen und Schwarzfahren.

Wo verbringen Bestatter ihren Urlaub?
Am Toten Meer.

Wann geht der Bestatter ins Kino?
Wenn die Gondeln Trauer tragen.

Welche Art von Kunst sammelt ein Bestatter?
Schwarzmalerei.

JESUS LEBT!

Was wäre, wenn Jesus nicht gekreuzigt, sondern ertränkt worden wäre?
Dann müsste heute in jedem bayrischen Klassenzimmer ein Aquarium aufgestellt werden!

Was sind zwei Bretter und 'ne Leiche im Karton?
Ein Jesus-Baukasten

Warum mochte Jesus keine M&Ms?
Weil sie ihm immer durch die Löcher in seinen Händen gefallen sind ...

POETEN AM GRAB

»Hier ruhen meine Gebeine,
ich wünschte, es wären deine.«

»Hier ruht mein Weib, Gott sei's gedankt!
So lang sie lebte, gab's nur Zank.«

»Hier ruht der Metzger Werner Krug,
den seine Frau im Zorn erschlug.«

»Hier ruht mein Vater Günter Seib,
er starb an einem Dolch im Leib.«

»Hier ruht der Schreiner Stefan Reiter,
er starb an einem schlimmen Eiter.«

»Hier ruht der Maler Günther Krumm,
einst war er taub, jetzt ist er stumm.

»Hier ruht der alte Morgenthau,
er starb an seiner jungen Frau.«

»Hier ruht Hans-Peter Stein,
er starb im Alter ganz allein.«

»Hier ruht Franz-Josef Brot,
er starb aus purer Altersnot.«

»Hier ruht Hans-Friedrich Leim,
er starb in einem Altersheim.«

»Hier ruht der Schuster Otto Pfahl,
er starb in einem Hospital.«

»Hier ruht mein Schwager Raimund Kloff,
der sich gezielt zu Tode soff.«

»Hier ruht der Fuhrmann Otto Flach,
er gab nicht acht und fiel vom Dach.«

»Hier ruht mein Geliebter.
Mit meinem Kopf auf seinem Schoß, ließ er vor Glück das Lenkrad los.«

»Hier ruht der Schwerenöter Karg.
Wie er es trieb, das war schon arg.«

»Hier ruht ein Hallodri namens Gerhard Leiter
und seine Freundinnen drei Reihen weiter.«

»Hier ruht Tobias Sinn. Vor vierzig Jahren das Licht der Welt erblickt
und dann im Schlaf erstickt.«

»Hier ruht der Hütchenspieler Franz Schelm.
– Oder hier?
– Oder vielleicht hier?«

IRRE

Zwei Bekloppte beißen in Eisenbahnschienen.
Sagt der eine: *»Boa, sind die hart!«*
Sagt der andere: *»Geh doch da drüben hin, da ist 'n Weiche!«*

Zwei Irre machen Ratespiele.
Der eine streckt die Hand aus, schließt sie zur Faust und fragt:
»Was hab ich da drin?«
»Ein Klavier«, **schreit der andere.**
»Das gilt nicht«, **sagt der eine,**
»du hast geguckt!«

In der U-Bahn hängt ein riesiges Schild, auf dem steht: *»Auf der Rolltreppe müssen Hunde getragen werden!«*
Stöhnt ein Passant: *»O Gott, wo bekomme ich jetzt einen Hund her?«*

Treffen sich zwei Psychiater.
»Entschuldigung, können Sie mir sagen, wo's hier zum Friedhof geht?«
»Nein, aber wenn du willst, können wir drüber reden.«

GRABSPRÜCHE

»Schau nicht so, ich läge auch lieber am Strand.«

»Ich hatte Vorfahrt.«

»Mach bitte das Licht aus!«

»Der Arzt hatte doch recht.«

»Kann mal jemand die Blumen gießen?«

LETZTE WORTE, ZUM ZWEITEN

Die letzten Worte eines Hungrigen:
»Einmal Döner, diesmal mit viel Scharf!«

Die letzten Worte des Politikers:
»Ich gebe mein Ehrenwort.«

Die letzten Worte des Bungee-Jumpers:
»Ist das Seil nicht zu lang?«

Die letzten Worte des Tauchers: *»Hai.«*

Die letzten Worte des Titanic-Kapitäns:
»Den Eisberg schaffen wir auch noch!«

Die letzten Worte des Mannes:
»Ja, ich will!«

Die letzten Worte von Jesus:
»Mehr Nägel – ich rutsche!«

Die letzten Worte des Fallschirmspringers:
»Scheiß Motten!«

Die letzten Worte des Manta-Fahrers:
»Lecht mich tiefa!«

Die letzten Worte der Mutter:
»Ich hab deine Disketten sortiert.«

Die letzten Worte des U-Bootkapitäns:
»Hier müsste dringend mal gelüftet werden!«

Diese Witze sind so schlecht, dass sie schon wieder gut sind. Oder Kult.

Norbert Golluch
WAS IST GRÜN UND
STEHT VOR DER TÜR?
EIN KLOPFSALAT!
Miese Witze Vol. 1
112 Seiten
ISBN 978-3-8479-0520-2

Was heißt DJ auf Arabisch? Machma Lala! Was sagt man von einem Spanner, der gestorben ist? Der ist weg vom Fenster. Was fliegt durch die Luft und macht Mus Mus? Eine Biene im Rückwärtsgang!
Langweilige Witze braucht kein Mensch – miese Witze schon. Denn miese Witze sind die Witze zur Zeit: kurz, knackig, schräg. Viel Vergnügen!